COUP-D'ŒIL

SUR

LES DEUX FRANCES

PAR

UN FRANC-GAULOIS

PARIS
JULES VIC, LIBRAIRE
11, RUE CASSETTE, 11

1880

COUP-D'ŒIL

SUR

LES DEUX FRANCES

I

« Il y a deux Frances, et c'est l'Église qui, par son enseignement, les a créées. Mais la France doit être une, il faut donc supprimer l'enseignement clérical ; il faut retirer au clergé la liberté d'enseigner. »

On ne parle pas encore, il est vrai, de supprimer l'enseignement clérical dans toute son étendue. En ce moment on ne menace que l'enseignement donné par les religieux. Et même, par une restriction habile, la faculté d'enseigner n'est refusée qu'aux congrégations non autorisées par l'État. Enfin reculant toujours, on avance que, au fond, les seuls colléges que l'on ait en vue sont ceux que tiennent les Jésuites.

« Les Jésuites! c'est cela, et rien que les Jésuites! se sont écriés les honnêtes gens. L'aveu est franc et sincère: on n'en veut qu'aux Jésuites. Hé bien! les Jésuites ce n'est pas l'Église. Sauvons du moins les Petits-Séminaires, sauvons les écoles libres ecclésiastiques et congréganistes autorisées. Faisons la part au feu, faisons la part du loup. Sauvons l'essentiel, sacrifions l'accident. »

Vraiment les honnêtes gens sont trop naïfs: Non, l'aveu n'est ni franc ni sincère. Les Jésuites, il est vrai, ne sont ici que l'accident; mais c'est bien l'essence même et de l'Église et de la religion que l'on vise en frappant sur l'accident.

On sait que le clergé séculier suffit à peine au ministère paroissial; on sait que les Petits-Séminaires ne seront pas fréquentés par les enfants destinés au monde, et que si ces établissements venaient à être envahis par l'élément laïque, ce serait au détriment de l'esprit et des vocations ecclésiastiques. On sait que les écoles tenues soit par des prêtres séculiers, soit par les religieux autorisés, sont et seront longtemps encore trop peu nombreuses pour combler le vide que laissera la disparition des colléges dirigés par les religieux non autorisés, et spécialement par les Jésuites.

On sait que, par conséquent, l'immense majorité des familles sera forcée d'envoyer ses enfants aux colléges de l'État.

Or on sait aussi que, une fois délivré de la concurrence, l'enseignement anti-catholique, anti-chrétien, anti-religieux ne craindra plus de se produire ouvertement.

On sait tout cela. Oui, on sait qu'en ne frappant que les religieux non autorisés, qu'en ne frappant même que les Jésuites, on porte à l'enseignement catholique un coup dont l'effet pourrait être de faire reculer la France très-chrétienne de cinquante ans en arrière. Et l'on espère bien qu'une fois lancée sur cette pente, la France ne s'arrêtera pas en si beau chemin.

Dites donc hautement, franchement, ce que vous voulez. Vous voulez abolir l'enseignement jésuitique: première étape; puis l'enseignement congréganiste:

seconde étape ; puis l'enseignement clérical : troisième étape ; puis l'enseignement catholique : quatrième étape ; puis l'enseignement chrétien, fût-il protestant, parce que Jésus-Christ pourrait encore s'y trouver avec quelques lambeaux d'Évangile ; enfin l'enseignement religieux, fût-il même païen, parce que le païen croyait encore à des dieux vengeurs du crime, à un Élysée et à un Tartare et que l'ombre même d'un enfer vous gêne. Vous voulez l'école sans Dieu, l'école supérieure, secondaire et primaire sans Dieu, toute l'école sans Dieu, afin d'avoir une France sans Dieu, ce qui veut dire une France dont vous seuls serez les dieux, et que vous pourrez fouler aux pieds tout à votre aise.

Telle est la France que vous rêvez. Ne dites donc pas que l'Église a fait deux Frances. L'Église par son clergé, l'Église par ses évêques et par ses moines, l'Église par ses prêtres séculiers et réguliers a fait la France une et unique, la France très-chrétienne.

Vous et vos ancêtres, les Calvin d'abord, puis les Voltaire, vous avez rompu cette union, vous avez brisé cette unité, en créant au sein de la France très-chrétienne d'abord une France huguenote, puis une France voltairienne. Il faut que votre France absorbe l'autre, et qu'il ne vous reste plus qu'une France, la France athée, la France sans Dieu.

L'Église, j'en conviens, l'Église veut maintenir en face de votre France, et malgré votre France, une France religieuse, une France chrétienne, une France catholique.

Elle veut plus encore ; elle veut, il me faut bien le reconnaître, elle veut ramener la France entière, votre

France, et vous-même, à la religion, à la foi de Jésus-Christ.

Concluons : Il y a deux Frances. Oui, mais ce n'est pas l'Église qui a fait ces deux Frances. L'Église, par son clergé, en a fait une, et vous, par votre école, vous avez fait l'autre.

Reste à savoir laquelle des deux, de l'Église ou de votre école, a fait le mieux pour le bonheur et pour la grandeur de la patrie ? Laquelle des deux Frances est la vraie, la bonne, la grande ? Mais passons.

Il est d'autres manières d'entendre les deux Frances.

II

Un historien qui passait pour sérieux a écrit que « depuis plus de treize siècles la France contenait deux peuples : un peuple vainqueur et un peuple vaincu » ; que « depuis plus de treize siècles le peuple vaincu luttait pour secouer le joug du peuple vainqueur » ; que « notre histoire est l'histoire de cette lutte »; qu'enfin « de nos jours une bataille décisive a été livrée », et que cette bataille décisive s'appelle « la Révolution ».

Entre Chinon et Saumur la Vienne s'unit à la Loire. Pendant un temps assez long on peut facilement distinguer les deux courants à la couleur de leurs eaux ; mais enfin il est un point où la Vienne a disparu, et si vous puisez alors dans le fleuve je mets l'observateur le plus habile au défi d'affirmer que cette eau provient de la Vienne plutôt que de la Loire, ou de la Loire plutôt que de la Vienne. Il ne reste plus qu'un fleuve : la Loire.

De même pendant un certain temps il fut aisé de distinguer les diverses nations qui avaient envahi la Gaule ; mais enfin la fusion se fit, et si complète qu'il ne fut pas un homme en France qui eût le droit de dire : moi je suis Gaulois, moi je suis Romain, moi je suis Burgonde, moi je suis Visigoth, moi je suis Franc, moi je suis Normand. De tous ces peuples si différents, il n'est resté, ou plutôt il n'est résulté qu'un peuple, le peuple français.

Les Francs surtout, c'est-à-dire précisément ceux qui définitivement demeurèrent vainqueurs sur toute la surface du pays et qui lui donnèrent leur nom, les Francs furent ceux qui se fondirent le plus facilement, le plus rapidement, le plus complétement avec les vaincus, avec les vaincus des Romains, avec les vaincus des Burgondes, avec les vaincus des Visigoths, je veux dire avec les Gaulois.

Or, quelle fut la puissance merveilleuse qui opéra, qui facilita, qui accéléra cette fusion, cette union, cette unité ? — Ce fut l'Église.

Les Gaulois, à l'époque des invasions barbares, étaient chrétiens et catholiques. Les premières bandes qui se fixèrent en Gaule, les Burgondes et les Visigoths, étaient ariens. Aussi à peine les Francs eurent-ils embrassé la foi catholique, qu'ils furent acceptés par les Gaulois bien moins comme des dominateurs, que comme des libérateurs.

D'ailleurs peut-on dire avec vérité que ce sont les Gaulois qui furent vaincus par les Francs ? Quand les Francs entrèrent dans la Gaule, les Gaulois n'étaient plus les maîtres. Ils avaient été vaincus par les Romains. Les Francs eurent donc à vaincre d'abord les Romains, puis les Burgondes et les Visigoths qui avaient remplacé partiellement les Romains. Ainsi la domination franque se substitua définitivement à la domination romaine. Les Gaulois changèrent de maîtres, mais ils ne furent alors ni vaincus ni conquis. Je vais plus loin, et j'ose avancer que s'il faut voir dans les Francs et dans les Gaulois des vainqueurs et des vaincus, les vaincus ne sont pas les Gaulois. Le vainqueur est, je crois, celui qui fait la loi, et le vaincu celui qui la subit. Or, l'histoire atteste que l'influence gauloise sur les Francs fut incomparablement plus universelle, plus efficace, plus durable et finalement plus complète que celle des Francs sur les Gaulois.

Nous savons par le témoignage des historiens de l'antiquité quels étaient, avant la conquête romaine, le génie et le caractère gaulois. Comment se fait-il que ce génie et que ce caractère se retrouvent dans tout le cours des annales de la France, tels qu'ils furent avant la conquête romaine? Ce phénomène ne peut guère s'expliquer que par la victoire et la domination intellectuelle et morale de l'élément gaulois sur tous les éléments étrangers que les conquêtes romaines et barbares avaient importés sur le sol de la Gaule.

Mais cette prépondérance intellectuelle et morale qui a constitué l'unité de l'esprit et du caractère français procède à son tour d'une influence plus haute. Et cette influence supérieure quelle est-elle, sinon celle du génie chrétien, celle du caractère chrétien. Or, qui a fait cette admirable unité des esprits et des cœurs dans une même foi et dans une même charité, si ce n'est l'Église, le clergé, les évêques, les prêtres, les religieux, par l'enseignement et par l'éducation qu'ils prodiguèrent avec tant de zèle à toutes les classes de la société, aussi bien aux enfants du serf, du laboureur et de l'ouvrier qu'à ceux du bourgeois, du grand seigneur et des rois?

Les évêques ont fait la France, a dit le protestant Gibbon, comme les abeilles font la ruche.

III

Quel que soit, au reste, celui des deux peuples qu'on puisse appeler le vainqueur ou le vaincu, il est certain que la fusion ne tarda pas à se faire au point que bientôt les Francs et les Gaulois se rencontrèrent mêlés et confondus dans toutes les classes de la nation.

Dès l'origine on voit les seigneurs gaulois à la cour des rois francs où ils remplissent les plus hautes fonctions; dès l'origine on rencontre des Francs mêlés en grand nombre aux Gaulois de la classe inférieure. Et l'on peut affirmer que depuis des siècles il n'existe pas en France une famille riche ou pauvre, noble ou bourgeoise qui puisse se dire franque plutôt que gauloise, pas une qui, dans la série de ses aïeux, ne compte autant et même plus de Gaulois que de Francs, que de Visigoths, que de Burgondes et que de Normands. J'ai dit *plus* de Gaulois : car il est constaté que les envahisseurs Burgondes, Visigoths, Francs et Normands étaient relativement peu nombreux. Le moindre nombre se mêle et se fond rapidement dans le plus grand, dans la masse, surtout lorsque cette masse renferme les principaux éléments de l'influence intellectuelle, morale, industrielle et religieuse.

Aussi, fût-il vrai que la Révolution de 89 a été une bataille entre la classe inférieure et la classe supérieure, comme, proportion gardée, il se trouvait depuis des siècles dans chacune de ces classes autant de familles issues de la race franque que des autres races, ou plutôt comme dans chaque famille, dans chaque individu, dans chaque Français, en un mot, il coulait autant de sang gaulois que de sang barbare, il serait impossible de reconnaître dans cette lutte un conflit entre un peuple vaincu et un peuple vainqueur.

Les nobles n'étaient pas plus Francs que Gaulois; les bourgeois, les artisans n'étaient pas plus Gaulois que Francs.

Le clergé surtout, qui est assurément le grand vaincu de 89, le clergé n'était pas plus Franc que Gaulois. Et si l'on s'obstinait à retrouver l'élément gaulois dans la classe si nombreuse des laboureurs et des artisans, il faudrait, pour être conséquent, reconnaître dans le clergé la prédominance de ce même élément, puisque l'immense majorité du clergé, soit séculier, soit régulier, sort de la classe populaire.

En deux mots, la supposition d'une lutte entre deux peuples, entre deux races en France repose sur une autre supposition dont la fausseté est notoire, sur l'hypothèse de la distinction permanente entre un peuple vainqueur et un peuple vaincu, le peuple vainqueur étant continué et représenté par les nobles, et le peuple vaincu l'étant par les bourgeois, les artisans et les laboureurs.

La Révolution de 89, d'après ce système, serait le dernier effort de cette longue bataille, le dernier combat de cette longue guerre, elle serait la victoire de la classe inférieure sur la classe supérieure. Cela fût-il vrai, comme la fusion entre Francs et Gaulois était faite depuis longtemps, aussi bien dans la classe supérieure que dans la classe inférieure, la victoire de celle-ci sur celle-là ne serait pas le triomphe des Gaulois sur les Francs.

Mais j'ai hâte d'ajouter que la Révolution de 89 ne fut pas même la victoire de la classe inférieure sur la classe supérieure.

Quoi! dira-t-on, 89 n'est-il pas le triomphe du Tiers sur la Noblesse et le Clergé? Or, qu'était le Tiers si ce n'est la classe inférieure?

Eh bien! non, le Tiers n'était pas la classe inférieure. Le Tiers représentait les villes et même une partie seulement de la population des villes; le Tiers représentait la bourgeoisie, et surtout les avocats et les gens de loi.

Mais peut-on dire qu'il représentait les artisans et les petits merciers qui forment, à proprement parler, le peuple des villes?

Quoi qu'il en soit, le Tiers ne représentait certainement pas la classe la plus nombreuse du peuple, le paysan, le laboureur.

N'oubliez pas d'ailleurs que le peuple composait la majorité du clergé, ce grand vaincu de 89.

Le Tiers, comparé au peuple, n'était donc qu'une infime minorité.

Si le Tiers a vaincu en 89, ce n'est donc ni l'élément gaulois, ni l'élément populaire, ni la classe inférieure qui a vaincu l'élément franc, l'élément noble, la classe supérieure; c'est tout simplement la classe moyenne, la grosse bourgeoisie, et encore la bourgeoisie représentée par ce qu'il y a de moins bourgeois, par les avocats, les médecins, les légistes inférieurs, c'est cet élément qui a vaincu : et qu'a-t-il vaincu?

Il a vaincu le clergé, surtout le clergé qu'il a dépouillé de ses biens, de ses droits politiques et sociaux; il a vaincu et dépouillé le clergé populaire, inférieur, et par cette victoire ce qu'il a principalement vaincu et dépouillé, c'est le peuple.

Mais qu'on ne dise pas que c'est le peuple laboureur et ouvrier, que c'est la classe inférieure de la nation qui a fait 89, et qui a vaincu en 89.

Issu du peuple, le clergé inférieur ne s'est point insurgé contre le clergé supérieur. L'immense majorité des martyrs de la Révolution se compose des prêtres et des religieux de l'ordre inférieur.

En dehors du clergé, l'élément populaire, ce qui constitue le vrai peuple, les travailleurs de la ville et de la campagne ne furent pas révolutionnaires.

Dans la plupart des provinces, et surtout dans celles qui ne furent presque jamais habitées par les envahisseurs de la Gaule et où, par conséquent, l'élément gaulois est encore plus fidèlement représenté surtout par le paysan, dans ces provinces le peuple des campagnes combattit la Révolution.

Laissez donc là tous ces antagonismes de peuples, de races, de classes et de conditions sociales; avouez enfin ce que du reste vous aimez à proclamer sur tous les tons :

La Révolution de 89 fut l'œuvre de Voltaire, elle fut la réalisation du mot d'ordre de Voltaire : Écrasons l'infâme. L'infâme c'était... il faut bien le dire... c'était Notre Seigneur Jésus-Christ, c'était la religion de Jésus-Christ, c'était l'Église de Jésus-Christ, c'était le prêtre de Jésus-Christ.

La Révolution de 89 fut la victoire de l'impiété sur l'Église, ce fut le triomphe de la France d'un Voltaire qui rougissant d'être né Français déclare qu'il est Suisse, ce fut le triomphe de la France du *Contrat social* d'un Rousseau qui n'était français à aucun titre, ce fut le triomphe de cette France-là sur la France de Clovis, de Charlemagne, de saint Louis, de Jeanne d'Arc et de Henri IV.

Il est vrai que la Révolution de 89 fut anti-royale et anti-aristocratique, mais ce fut surtout parce que, même alors, et malgré toutes les corruptions intellectuelles et morales du siècle de Louis XV, la royauté et la noblesse étaient encore, après le clergé, le plus ferme soutien de la religion catholique. Pour abattre l'Église en France, il fallait d'abord y abattre ses défenseurs.

Si en France la royauté, la noblesse et le clergé se fussent trouvés en 1789 aussi bas que le furent la noblesse, le clergé et la royauté en Allemagne et en Angleterre à l'époque des Luther, des Henri VIII et des Élisabeth, la Révolution se serait opérée en France, comme dans ces pays-là, par la noblesse et par le clergé apostasiant avec la royauté.

Mais en France, même en 89, la royauté, la noblesse, le clergé se trouvaient encore trop fidèles. La France de Voltaire, devenue la France de Robespierre, comprit bientôt que pour unifier la France dans l'impiété, il fallait massacrer. La France impie résolut donc d'assassiner la France très-chrétienne.

Mais la persécution ne servit qu'à relever la royauté, la noblesse et le clergé.

La royauté se releva purifiée par le sang : Louis XVI expia Louis XV.

La noblesse se releva et, ne pouvant plus mourir sur le champ de bataille, elle mourut sur l'échafaud. Mais en mourant sur l'échafaud elle versait encore son sang pour la religion et pour la patrie.

Le clergé, réduit à se cacher, comme au temps de Néron, pour soutenir la France chrétienne contre la France de Robespierre, expia son zèle sur les pontons ou sur les échafauds.

Aujourd'hui, comme hier, s'il y a deux Frances, ce ne sont pas deux peuples, deux races; c'est la révolution voltairienne d'un côté, et la religion chrétienne de l'autre. Hé bien! sachez-le, ô vous qui vous dites les fils de la Révolution, sachez que aujourd'hui comme hier, pour réaliser l'unité de vos rêves, il vous faudra tuer cette France toujours très-chrétienne que la Terreur a bien pu décimer, mais qu'elle n'a pu anéantir. Mais sachez aussi que dans la France que vous aspirez à décorer de votre nom, comme dans la Rome des Néron, la semence des martyrs sera une semence de chrétiens.

IV

Il est encore une autre manière d'entendre les deux Frances.

Écoutez. Ce n'est pas un clérical qui a écrit ceci :

« Il y a deux Frances : la France parasite et la « France productive. Une, très-infime par le nombre, « qui mange, boit à satiété ; l'autre, très-nombreuse, « — les dix-neuf vingtièmes de la population, — qui « travaille, produit tout ce qui peut vous satisfaire ou « vous émerveiller, et qui cependant en retour, n'a « le plus souvent rien à se mettre sous la dent. » (*Le Prolétaire*, 1er mars 1879.)

Ici une double question se présente. Première question :

Qui a fait ces deux Frances ?

Seconde question : Qui peut réconcilier ces deux Frances et les ramener à l'unité ?

D'abord qui a fait ces deux Frances ? — Partout et toujours, avant comme après Jésus-Christ, avant comme après l'Église, chez les païens comme chez les chrétiens, chez les hérétiques comme chez les catholiques, dans les républiques les plus démocratiques, par exemple à Athènes avec ses vingt mille citoyens et ses quatre cent mille esclaves, comme dans les monarchies les plus despotiques, par exemple dans l'ancienne Assyrie et dans la moderne Russie, partout, toujours il y eut, il y a, il y aura des grands et des petits, des sages et des simples, des riches et des pauvres, de nobles caractères et des caractères serviles. Partout et toujours il y aura des hommes d'intelligence et de cœur qui se distingueront du vulgaire, qui se feront connaître et se feront un nom par leurs belles actions, et ces hommes-là, fussent-ils du reste sans titre et sans fortune, seront nobles dans le vrai sens du mot (*nobiles, noscibiles à noscendo.*) Ce nom passant des pères aux enfants impose à ceux-ci la loi de l'honneur, l'obligation de ressembler à leurs aïeux : Noblesse oblige. Partout aussi et toujours il se rencontrera des hommes intelligents, industrieux, actifs, diligents, travailleurs, économes, qui au lieu de verser le gain de la semaine dans l'orgie du lundi, amasseront de quoi se procurer une maison, un champ, un atelier, un magasin, une fortune en un mot et un capital. Dès lors il leur sera permis de vivre sans se livrer aux labeurs corporels, et ils seront en position de procurer du travail et un salaire à ceux qui manquent de pain, et de diriger les travailleurs qui n'ont pas eu le loisir d'apprendre ces arts et ces métiers dont le produit *peut vous satisfaire ou vous émerveiller*.

Toujours aussi et partout il y aura des hommes (et toujours et partout ce sera le grand nombre) qui faute d'intelligence, faute de volonté, faute de générosité, faute de dévouement, faute d'activité, faute de travail, ne sauront ni s'élever, ni se distinguer.

Cette multitude, il est vrai, toujours et partout sera la majorité, mais cette majorité ne possédera ni la noblesse qui naît de la distinction, ni la fortune qui naît de l'industrie.

Pourquoi ? Parce que la supériorité d'intelligence et de volonté étant le lot d'un très-petit nombre, et ne pouvant pas se partager comme une langue de terre ou comme une somme d'argent, ce sera toujours et partout au petit nombre que reviendra la richesse, prix du travail et de l'industrie, et au très-petit nombre que reviendra la noblesse, fruit du dévouement et de l'héroïsme.

Donc en France comme partout, avant et après 89 comme toujours, il y eut et il y a deux Frances : l'une qui se distingue par la noblesse ou par la fortune ; l'autre qui constitue le nombre et le vulgaire.

Ces deux Frances, ou plutôt ces diverses classes qui se retrouvent nécessairement dans toutes les nations, ce n'est pas l'Église qui les a faites. Elles reposent sur la nature même des hommes et des choses, et par conséquent, sur la volonté de Dieu qui a constitué les hommes et les choses dans ces conditions d'existence.

Or entre ces deux Frances, entre ces deux classes divisées par l'orgueil et par la jalousie, qui établira la paix, qui maintiendra l'union, qui assurera l'unité ? Il n'est qu'une puissance au monde qui soit capable de modérer les uns sans les humilier, et de relever les autres sans les soulever : cette puissance, c'est l'Église.

Aux premiers elle dit : Cette supériorité que Dieu vous a donnée, elle est à vous, mais elle ne vous vient pas de vous seul. Elle est à vous : aucun homme n'a le droit de vous la ravir. Elle ne vous vient pas de vous seul, elle vient de Dieu ; or Dieu ne vous a pas ennobli, il ne vous a pas enrichi, il ne vous a pas fait grand, il ne vous a pas fait habile pour vous seul. Cette force, cette générosité qui constitue la noblesse, vous l'avez reçue pour défendre le faible ; cette industrie, cette richesse qui constitue la fortune, vous l'avez reçue pour secourir le pauvre.

Considérez Jésus-Christ : il est le Fils de Dieu, il est Dieu ; comme homme il est le fils des rois. Cependant il s'est abaissé, il s'est fait le serviteur de tous, il s'est sacrifié pour les faibles, pour les pauvres, je veux dire pour tous les hommes qui, avec toute leur puissance et toute leur opulence, ne sont que l'infirmité même et que la misère même.

Or, s'il s'est ainsi humilié, s'il s'est fait le serviteur de tous, ça été pour vous donner l'exemple et afin que vous fassiez comme il a fait : *Exemplum enim dedi vobis : ut quemadmodum ego feci vobis, ita et vos faciatis.*

Voilà ce que l'Église enseigne aux nobles et aux riches, et c'est ainsi qu'elle réduit l'orgueil et l'égoïsme, sans léser la justice et la dignité.

Puis se retournant vers le faible et vers le pauvre, elle lui a dit : Vous, mon fils, qui ne possédez que vos bras ; vous qui êtes réduit à gagner votre pain de chaque jour par un rude et continuel travail, ne plaignez pas votre sort, n'enviez pas la condition du riche et du noble ; ne demandez pas pourquoi il y a des grands et des petits, des riches et des pauvres, et pourquoi c'est vous qui êtes le petit et le pauvre.

Regardez Jésus-Christ : il est le Verbe, le Fils de Dieu. — Vous si petit aux yeux des hommes, vous êtes cependant devenu par le baptême, par grâce, par adoption, ce que Jésus est par nature, vous êtes de nom et de fait, fils de Dieu : *ut filii Dei nominemur et simus.*— Comme homme, Jésus descend des rois. Et vous, quelle que soit votre naissance immédiate, vous descendez du même père que Jésus, vous êtes du même sang que les grands, que les puissants, que les rois les plus illustres. Il est vrai que vous êtes pauvre, souffrant, humilié ; mais Jésus-Christ a voulu naître, vivre et mourir pauvre, souffrant, humilié, plus pauvre que vous, plus souffrant que vous, plus humilié que vous.

Sur les trente-trois années qu'il a passées en ce monde, il en a consacré trente à la vie que vous menez vous-même, à la vie obscure, à la vie laborieuse. Il ne s'est montré maître, docteur, puissant que durant trois années, et alors même il est demeuré pauvre, simple et humble dans toute sa manière de vivre. Fils des rois, il a passé aux yeux du monde pour le fils de l'ouvrier, et il a été ouvrier lui-même jusqu'à l'âge de trente ans. Celui-ci, disait-on, n'est-il pas le fils de l'ouvrier? *Nonne hic est fabri filius?* N'est-il pas l'ouvrier? *Nonne hic est faber?* Et vous rougiriez de ressembler à Celui qui est le Très-Haut et le Roi des rois?

Rappelez-vous du reste que vous n'êtes ici-bas que pour un temps, et un temps fort court. Je vous en conjure, mon fils, regardez le ciel : *Peto, nate, aspicias cœlum.* Pour entrer au ciel, il faut être pauvre. Le riche n'y est admis qu'après avoir été dépouillé par la mort. Heureux celui qui sans attendre cette spoliation forcée, s'est résigné à être pauvre; plus heureux encore celui qui pouvant être riche a voulu être pauvre, et s'est fait pauvre : *Beati pauperes spiritu, quoniam ipsorum est regnum cœlorum.* Bienheureux les pauvres volontaires, car le royaume des cieux leur appartient.

Voilà ce que l'Église enseigne aux pauvres et aux petits; voilà comment, sans les soulever contre les grands et contre les riches, elle relève les petits et les pauvres.

V

Il fut un temps où l'Église était écoutée. Alors on voyait les grands, les riches abandonner en foule leurs palais, leurs châteaux, leurs terres et leurs dignités pour se faire pauvres et petits, travailleurs et pénitents, serviteurs et esclaves volontaires sous le joug de l'obéissance religieuse, tandis que ceux qui demeuraient dans le monde se montraient pour les pauvres et pour les faibles des pères et des défenseurs, plutôt que des rois et des seigneurs.

En ce même temps, sous l'influence de l'Église, l'esclave de la société païenne était devenu serf, et le serf, sous l'action continue de l'Église, devenait laboureur et artisan libre. Affranchi, nourri, instruit, élevé, selon tous les sens de ces mots, par les prêtres et par les religieux, le pauvre obtenait sous le rapport physique une aisance et un bien-être inconnus dans les pays où l'égoïsme protestant a depuis créé le paupérisme. Et sous le rapport intellectuel et moral, il recevait une éducation qui lui permettait de monter aux plus hauts degrés de l'échelle sociale.

Voilà ce que fait l'Église. Elle rapproche, elle réconcilie, elle unit dans une même foi et une même charité, dans une même humilité et un même dévouement les classes que le rang et la fortune avaient séparées. Aussi de ces deux Frances, si divisées par l'orgueil et par l'envie, par le faste et par la misère, depuis que la religion a perdu en partie son empire, l'Église avait fait une France vraiment une et qui fût demeurée vraiment indivisible si elle fût demeurée la France très-chrétienne.

Du reste, aujourd'hui la division prend un caractère de plus en plus matériel. Ce n'est plus précisément entre la noblesse et le peuple que règne l'antagonisme, c'est entre le riche et le pauvre, entre le patron et l'artisan, entre le bourgeois qui fait travailler et le prolétaire qui travaille : c'est là que la guerre a éclaté, là qu'elle se poursuit. Là est le péril social, là le problème social.

Or seule, l'Église tient en sa main la solution du problème, seule, elle est assez forte pour conjurer le péril.

Votre science économique n'a pas de solution pour maintenir l'équilibre entre l'offre et la demande, entre la production et la consommation, entre le travail et le salaire. Votre science économique n'a pas de digue à opposer au double flot de la richesse et de la misère. Ici le flot de la richesse monte et monte encore, la richesse se multiplie, pour se concentrer de plus en plus dans quelques mains plus habiles et peut-être aussi moins honnêtes. Là le flot de la misère ne cesse de s'étendre et d'envahir les classes inférieures pour y porter la désolation et y soulever le murmure.

D'un côté on voit s'élever et grossir des fortunes colossales qui menacent de tout absorber ; de l'autre on voit les masses descendre et s'abîmer dans les basfonds du paupérisme, pour se porter bientôt à toutes les utopies du socialisme et à toutes les fureurs du nihilisme.

Laissez seulement à l'Église la liberté que vous accordez à toute association indifférente ou même impie, la liberté que vous accordez à tous les orateurs des clubs et à tous les scribes de la presse ; laissez à l'Église avec la liberté de bien dire, la liberté de bien faire, avec la liberté de la parole, la liberté de l'action, avec la liberté d'enseigner la vérité, celle d'exercer la charité, avant peu vous verrez les riches catholiques organiser le patronage chrétien, les patrons catholiques s'unir aux ouvriers catholiques sous l'étendard de la croix et sous la bannière des confréries. Alors ne songeant plus qu'à s'entendre et à s'entr'aider, le riche et le pauvre ne formeront plus qu'une seule famille, et la société n'aura plus à redouter ces révolutions qui ruinent le riche sans enrichir le pauvre.

VI

Enfin il est encore une manière d'entendre les deux Frances.

On distingue la France de 89 et la France avant 89, la France du régime nouveau et la France de l'ancien régime, la France des droits de l'homme et la France du droit divin.

Or, dit-on, l'Église rejette et condamne la France nouvelle, la France moderne, le nouveau régime et le droit nouveau ; elle rejette la France de 89 et les droits de l'homme. Elle regrette la France ancienne, l'ancien régime et le droit divin qu'elle voudrait ressusciter. L'Église n'est donc plus de son temps et, en France du moins, elle n'est plus de son pays; il faut l'exterminer.

Voilà ce que l'on dit. — A ceci je réponds : l'Église ne connaît pas ces deux Frances. A ses yeux 89 n'est pas une borne qui sépare la France en deux. A ses yeux il n'existe pas une France née en 89 et datant de 89. La France est née à Tolbiac et à Reims : or, aux yeux de l'Église cette France-là n'est pas encore défunte et l'heure de ses funérailles n'a pas encore sonné.

Voilà pour les dates. Quant aux régimes, il est assurément un régime que l'Église condamne et un régime que l'Église approuve ; mais à ses yeux la distinction ne se fait pas sous les noms d'ancien et de nouveau.

Il est un ancien et nouveau régime que l'Église réprouve; il est un ancien et un nouveau régime que l'Église approuve.

L'Église réprouve l'ancien régime de la Gaule païenne avec ses sacrifices humains, de la Gaule romaine avec ses corruptions césariennes, de la Gaule burgonde et visigothe avec son arianisme.

L'Église réprouve l'ancien régime des Frédégonde et des Ébroïn ; elle réprouve l'ancien régime qui ne sut pas défendre la France contre les invasions normandes, elle réprouve l'ancien régime d'un Philippe le Bel écrasant le peuple et insolent envers le Pape; elle réprouve l'ancien régime des factions qui livrèrent la France aux Anglais ; elle réprouve la France huguenote, janséniste ou gallicane.

Voilà pour l'ancien régime ; venons au nouveau.

Il est un régime nouveau que l'Église combat et qu'elle combattra toujours ; c'est le régime inspiré par Voltaire et par Rousseau, le régime de Robespierre et de Marat, le régime de la déesse raison et de la Terreur.

L'Église combattra toujours le régime qui, après avoir renversé le Pape, assassina les prêtres, les nobles, les bourgeois, les ouvriers, les paysans, les vieillards, les femmes et les enfants dont tout le crime avait été de vouloir demeurer catholiques.

Il est enfin un régime très-nouveau que l'Église

n'accepte pas : c'est la Commune massacrant les otages et incendiant Paris.

L'Église enfin combat et combattra tout régime, ancien ou nouveau, qui tendrait à faire de la France très-chrétienne une France hérétique, schismatique ou impie ; tout régime qui ferait du Pape un souverain étranger ; tout régime qui prétendrait séparer la France de l'Église, c'est-à-dire la fille aînée de sa mère. Non, l'Église ne veut pas se séparer de la France. L'Église ne veut pas le régime d'une France sans Jésus-Christ, d'une France sans Dieu.

Mais, qu'il soit ancien ou nouveau, ce régime-là n'est pas la France.

Avant comme après 89 il n'existe qu'une France, qu'une vraie France, et c'est cette France que l'Église aima toujours et que toujours elle aimera.

Cette France quelle est-elle ?

C'est la France invoquant Jésus-Christ à Tolbiac, baptisée à Reims, et s'écriant avec son Clovis au récit de la Passion : Où étions-nous, mes Francs et moi ? nos francisques l'auraient sauvé.

C'est la France posant sa forte main sur les clefs du tombeau des apôtres et jurant de défendre le Saint-Siége contre les perfides violences du Lombard et du Grec.

C'est la France martelant le Sarrazin entre Tours et Poitiers, et sauvant par ce grand coup la civilisation aussi bien que la religion.

C'est la France se déclarant le défenseur et l'auxiliaire de l'Église de Jésus-Christ par la grande voix de son Charlemagne.

C'est la France se croisant pour délivrer le tombeau de Jésus-Christ au cri de Dieu le veut !

C'est la France écrasant à Bouvines les puissances liguées contre l'Église et contre sa fille aînée.

C'est la France disant par la bouche de saint Louis : Je suis le bon sergent de Jésus-Christ.

C'est la France s'élançant à la suite de Jeanne d'Arc pour expulser l'étranger.

C'est la France se liguant pour maintenir sa foi contre la fureur protestante.

C'est la France se consacrant à Marie par la bouche de Louis XIII.

C'est la France propageant la foi dans le monde entier par ses intrépides missionnaires, sous la protection d'un Louis XIV revenu de ses excès gallicans.

Tel est l'ancien régime, telle est l'ancienne France que l'Église aime et admire.

Mais il est aussi une France nouvelle, une France moderne que l'Église environne de son admiration et de son amour.

C'est la France montant sur l'échafaud et mourant martyre de sa foi dans la personne de son roi, de ses prêtres, de ses nobles, de ses bourgeois, de ses paysans.

C'est la France portant sur sa poitrine l'image du Cœur de Jésus et suspendant à son cou le chapelet de Marie.

C'est la France réveillée de sa léthargie religieuse par la médaille miraculeuse, par Notre-Dame des Victoires, par Notre-Dame de la Salette, par Notre-Dame de Lourdes, la France acclamant la Vierge Immaculée et le Pape infaillible, la France rétablissant Pie IX, la France défendant la liberté temporelle du Pape à Castelfidardo et à Mentana, la France se redressant contre l'invasion étrangère sous le drapeau du Sacré-Cœur.

Oui, l'Église aime la France nouvelle, la France moderne, la France actuelle, la France consacrée à Marie, la France consacrée au Cœur de Jésus, la France pénitente, la France, quoiqu'on fasse et quoiqu'on dise, toujours très-chrétienne.

Non, l'Église ne veut pas deux Frances, elle n'en veut qu'une, et jamais elle ne cessera de travailler par son enseignement à unir tous les Français dans une même foi, dans une même espérance, dans une même charité.

L'impiété, qui n'est pas française, l'impiété pourra exterminer les prêtres, exterminer les religieux ; mais les prêtres et les religieux reviendront pour convertir les égarés et pour leur pardonner.

Émules nouveaux de ce régime déjà ancien de la Terreur, vous avez résolu de bannir Dieu de l'école afin de le bannir de la France. Demain peut-être vous nous exterminerez, mais après-demain nous, ou nos successeurs, nous serons là pour apprendre à vos enfants à croire, à espérer, à aimer ; nous serons là pour vous pardonner à vous-mêmes vos égarements et vos excès et pour vous rallier à cette France dont Charlemagne et saint Louis réalisèrent un instant l'idéal et qui s'appellera encore la France très-chrétienne.

RELIGION PATRIE

Bourges. — Typ. Pigelet et Fils et Tardy.

BOURGES, TYP. PIGELET ET FILS ET TARDY, RUE JOYEUSE, 1

www.ingramcontent.com/pod-product-compliance
Ingram Content Group UK Ltd.
Pitfield, Milton Keynes, MK11 3LW, UK
UKHW020226200726
13856UKWH00004B/1629

9 782012 485143